essentials

essentials liefern aktuelles Wissen in konzentrierter Form. Die Essenz dessen, worauf es als „State-of-the-Art" in der gegenwärtigen Fachdiskussion oder in der Praxis ankommt. *essentials* informieren schnell, unkompliziert und verständlich

- als Einführung in ein aktuelles Thema aus Ihrem Fachgebiet
- als Einstieg in ein für Sie noch unbekanntes Themenfeld
- als Einblick, um zum Thema mitreden zu können

Die Bücher in elektronischer und gedruckter Form bringen das Expertenwissen von Springer-Fachautoren kompakt zur Darstellung. Sie sind besonders für die Nutzung als eBook auf Tablet-PCs, eBook-Readern und Smartphones geeignet. *essentials:* Wissensbausteine aus den Wirtschafts-, Sozial- und Geisteswissenschaften, aus Technik und Naturwissenschaften sowie aus Medizin, Psychologie und Gesundheitsberufen. Von renommierten Autoren aller Springer-Verlagsmarken.

Weitere Bände in der Reihe http://www.springer.com/series/13088

Sebastian Rohmann · Matthias Schumann

Best Practices für die Partizipation in der Produktentwicklung

HMD Best Paper Award 2017

Mit einem Geleitwort von Prof. Dr. Andreas Meier

Springer Vieweg

Sebastian Rohmann
Professur für Anwendungssysteme
und E-Business
Georg-August-Universität Göttingen
Göttingen, Deutschland

Matthias Schumann
Professur für Anwendungssysteme
und E-Business
Georg-August-Universität Göttingen
Göttingen, Deutschland

Das essential ist die überarbeitete und erweiterte Version des Artikels S. Rohmann, M. Schumann: Best Practices für die Mitarbeiter-Partizipation in der Produktentwicklung. HMD – Praxis der Wirtschaftsinformatik 54 (2017), 316, S. 575–590.

ISSN 2197-6708   ISSN 2197-6716   (electronic)
essentials
ISBN 978-3-658-23550-5   ISBN 978-3-658-23551-2   (eBook)
https://doi.org/10.1007/978-3-658-23551-2

Die Deutsche Nationalbibliothek verzeichnet diese Publikation in der Deutschen Nationalbibliografie; detaillierte bibliografische Daten sind im Internet über http://dnb.d-nb.de abrufbar.

Springer Vieweg ist ein Imprint der eingetragenen Gesellschaft Springer Fachmedien Wiesbaden GmbH und ist ein Teil von Springer Nature
Die Anschrift der Gesellschaft ist: Abraham-Lincoln-Str. 46, 65189 Wiesbaden, Germany

Was Sie in diesem *essential* finden können

- Eine Einführung in die Bedeutung von Best Practices für mitarbeiterzentrierte Innovations-Communities
- Eine kurze Übersicht verschiedener Formen von Social Software-basierten Innovations-Communities
- Eine Systematisierung von organisatorischen und technischen Problemfeldern und Rahmenbedingungen unternehmensinterner Social Software
- Handlungsempfehlungen, um bestehenden Problemfeldern der mitarbeiterzentrierten Produktentwicklung mithilfe von organisatorischen und technischen Lösungsansätzen aus der Praxis entgegenzuwirken

Geleitwort

HMD Best Paper Award 2017
S. Rohmann, M. Schumann: Best Practices für die Mitarbeiter-Partizipation in der
Produktentwicklung.

Der prämierte Beitrag
Die beiden wissenschaftlichen Forscher der Georg-August-Universität Göttingen,
Sebastian Rohmann und Matthias Schumann, untersuchen Optionen der Partizipation
von Mitarbeitenden in der Produktentwicklung. Oft werden in der Forschung die
Beziehungen zwischen Mitarbeitenden der Produktentwicklung und den Kunden thematisiert; hier geht es um das Potenzial mitarbeiterzentrierter Innovationsprozesse in
der Produktentwicklung selbst.

Zuerst werden organisatorische Probleme aufgerollt wie die Angst vor Geheim-
nisverrat oder vor dem Verlust des Urheberrechts oder vor der Komplexität der
Themenbeschreibung, danach folgen einige technische Problemfelder. Anschlie-
ßend werden aufgrund ausführlicher Expertenbefragungen einige differenzierte
Best Practices sowohl für die Einführungs- wie Nutzungsphase hergeleitet und mit
Aussagen der Befragten untermauert.

Fazit: Gemeinschaften, die Innovation softwarebasiert vorantreiben wollen,
stehen unterschiedliche Optionen zur Verfügung, je nach Grad der Beteiligung
der Mitarbeitenden an den Entwicklungstätigkeiten sowie dem Grad der Einflussnahme des Unternehmens auf die Mitarbeitenden.

Der Beitrag beschreibt differenziert und aufschlussreich Partizipationsoptionen
von Mitarbeitenden in der Produktentwicklung. Spannend sind die ausgewählten
Zitate zu den Best Practices in unterschiedlichen Phasen eines Beteiligungspro-
jektes. Zudem werden konkrete Handlungsempfehlungen gegeben. Erfreulich ist
die kritische Auseinandersetzung mit den erkannten Problemfeldern und die Ein-
schätzung zum Thema Open Innovation. Aufgrund dieser Fülle von differenzierten

Lösungsoptionen kann die HMD-Leserschaft die Chancen und Risiken der Nutzung von Partizipation im Produktentwicklungsprozess abschätzen.

Die HMD – Praxis der Wirtschaftsinformatik und der HMD Best Paper Award
Alle HMD-Beiträge basieren auf einem Transfer wissenschaftlicher Erkenntnisse in die Praxis der Wirtschaftsinformatik. Umfassendere Themenbereiche werden in HMD-Heften aus verschiedenen Blickwinkeln betrachtet, sodass in jedem Heft sowohl Wissenschaftler als auch Praktiker zu einem aktuellen Schwerpunktthema zu Wort kommen. Den verschiedenen Facetten eines Schwerpunktthemas geht ein Grundlagenbeitrag zum State of the Art des Themenbereichs voraus. Damit liefert die HMD IT-Fach- und Führungskräften Lösungsideen für ihre Probleme, zeigt ihnen Umsetzungsmöglichkeiten auf und informiert sie über Neues in der Wirtschaftsinformatik. Studierende und Lehrende der Wirtschaftsinformatik erfahren zudem, welche Themen in der Praxis ihres Faches Herausforderungen darstellen und aktuell diskutiert werden.

Wir wollen unseren Lesern und auch solchen, die HMD noch nicht kennen, mit dem „HMD Best Paper Award" eine kleine Sammlung an Beiträgen an die Hand geben, die wir für besonders lesenswert halten, und den Autoren, denen wir diese Beiträge zu verdanken haben, damit zugleich unsere Anerkennung zeigen. Mit dem „HMD Best Paper Award" werden alljährlich die drei besten Beiträge eines Jahrgangs der Zeitschrift „HMD – Praxis der Wirtschaftsinformatik" gewürdigt. Die Auswahl der Beiträge erfolgt durch das HMD-Herausgebergremium und orientiert sich an folgenden Kriterien:

- Zielgruppenadressierung
- Handlungsorientierung und Nachhaltigkeit
- Originalität und Neuigkeitsgehalt
- Erkennbarer Beitrag zum Erkenntnisfortschritt
- Nachvollziehbarkeit und Überzeugungskraft
- Sprachliche Lesbarkeit und Lebendigkeit

Alle drei prämierten Beiträge haben sich in mehreren Kriterien von den anderen Beiträgen abgesetzt und verdienen daher besondere Aufmerksamkeit. Neben dem Beitrag von Sebastian Rohmann und Matthias Schumann wurden ausgezeichnet:

- B. Spottke: Was Unternehmen von der Videospielindustrie für die Gestaltung der Digital Customer Experience lernen können. HMD – Praxis der Wirtschaftsinformatik 54 (2017), 317, S. 727–740.

- M. Adelmeyer, Ch. Petrick, F. Teuteberg: IT-Risikomanagement von Cloud-Dienstleistungen im Kontext des IT-Sicherheitsgesetzes. HMD – Praxis der Wirtschaftsinformatik 54 (2017), 313, S. 111–123.

Die HMD ist vor mehr als 50 Jahren erstmals erschienen: Im Oktober 1964 wurde das Grundwerk der ursprünglichen Loseblattsammlung unter dem Namen „Handbuch der maschinellen Datenverarbeitung" ausgeliefert. Seit 1998 lautet der Titel der Zeitschrift unter Beibehaltung des bekannten HMD-Logos „Praxis der Wirtschaftsinformatik", seit Januar 2014 erscheint sie bei Springer Vieweg. Verlag und HMD-Herausgeber haben sich zum Ziel gesetzt, die Qualität von HMD-Heften und -Beiträgen stetig weiter zu verbessern. Jeder Beitrag wird dazu nach Einreichung doppelt begutachtet: Vom zuständigen HMD- oder Gastherausgeber (Herausgebergutachten) und von mindestens einem weiteren Experten, der anonym begutachtet (Blindgutachten). Nach Überarbeitung durch die Beitragsautoren prüft der betreuende Herausgeber die Einhaltung der Gutachtervorgaben und entscheidet auf dieser Basis über Annahme oder Ablehnung.

Fribourg   Prof. Dr. Andreas Meier
12. Juli 2018

Bibliografische Informationen

S. Rohmann, M. Schumann: Best Practices für die Mitarbeiter-Partizipation in der Produktentwicklung. HMD – Praxis der Wirtschaftsinformatik 54 (2017), 316, S. 575–590.

Inhaltsverzeichnis

Bedeutung von Best Practices für mitarbeiterzentrierte Innovations-Communities

1

Aufgrund der starken Verbreitung von Social Software in Unternehmen wird diese zunehmend auch zum Unterstützen von Produktentwicklungsaufgaben verwendet. Insbesondere große Unternehmen haben das Innovationspotenzial der eigenen Mitarbeiter auch außerhalb der F&E-Abteilung erkannt und eigene unternehmensinterne Innovations-Communities, auf Basis sog. Enterprise Social Software Plattformen (ESSPs), implementiert (vgl. Piller et al. 2012; Stieglitz und Hassannia 2016). Viele Initiativen scheitern in der Praxis jedoch aufgrund einer fehlenden oder zu geringen Partizipation der Mitarbeiter. Die mit den Maßnahmen erhofften Ziele, z. B. kürzere Entwicklungszeiten, höhere Produktqualität oder eine erhöhte Innovationsfähigkeit, werden dadurch oft nicht erreicht.

Bestehende akademische Studien zum Themengebiet Social Software-basierte Innovations-Communities beschäftigen sich mehrheitlich mit dem Einsatz von ESSPs im externen Einsatzszenario, d. h. der Produktentwicklung mit Kunden. Problemstellungen sowie geeignete Lösungsansätze für das unternehmensinterne Einsatzszenario sind bislang wenig erforscht. Aus Praktikerveröffentlichungen lassen sich zwar zahlreiche Ratschläge zum Gestalten von Innovations-Communities entnehmen. Häufig sind diese Ratschläge jedoch sehr allgemein gehalten, sodass sich nur selten direkt umsetzbare Maßnahmen daraus ableiten lassen. Gerade diese konkret nutzbaren Erfolgsgeschichten unterstützen Unternehmen aber dabei, bestehende Initiativen zu verbessern oder neue Initiativen sorgfältiger zu planen.

Zielsetzung des vorliegenden Beitrags ist es daher, zunächst die wesentlichen Problemfelder der mitarbeiterzentrierten Produktentwicklung in Innovations-Communities zu skizzieren. Daran anknüpfend werden konkrete Handlungsempfehlungen aus der Praxis vorgestellt, die Unternehmen dabei unterstützen die Problemfelder zu behandeln und die Partizipation der Mitarbeiter zu erhöhen. Als Datenbasis liegt diesem Beitrag eine qualitativ-explorative Expertenstudie mit 27

© Springer Fachmedien Wiesbaden GmbH, ein Teil von Springer Nature 2018
S. Rohmann und M. Schumann, *Best Practices für die Partizipation in der Produktentwicklung*, essentials, https://doi.org/10.1007/978-3-658-23551-2_1

1

Interviews aus mittelständischen und großen Unternehmen mit Sitz in Deutschland zugrunde. Anhand der Ergebnisse der Expertenstudie und ausgewählter Interviewzitate wird gezeigt, welche organisatorischen und technischen Maßnahmen in den befragten Unternehmen dazu beigetragen haben, die Partizipation der Mitarbeiter zu steigern und den Beitrag der Community zur Produktentwicklung zu erhöhen. Dabei werden sowohl Maßnahmen für die Einführung einer neuen als auch den Betrieb einer bereits bestehenden Innovationsplattform betrachtet. Gleichzeitig werden die bei den Maßnahmen zu berücksichtigenden produktentwicklungsspezifischen Rahmenbedingungen thematisiert, wie z. B. das Sicherstellen von Produktgeheimnissen, die potenzielle Lösungsansätze maßgeblich beeinflussen können.

Social Software-basierte Innovations-Communities

2

Eine Innovations-Community ist eine Gruppe von Akteuren, die ein gemeinsames Anliegen oder eine Leidenschaft zu einem bestimmten Thema teilt, an Problemen arbeitet und in diesem Bereich Wissen und Erfahrungen durch kontinuierliche Interaktion austauscht und vertieft. Es handelt sich somit um Netzwerke mit dem Fokus „Wer weiß was?" und „Wer kennt wen?". Im Rahmen von Produktentwicklungstätigkeiten können in Innovations-Communities Produktideen generiert sowie Konzepte, Prototypen und Vermarktungsstrategien evaluiert und verbessert oder gemeinsam während der Entwicklung auftretende Probleme gelöst werden (vgl. Ruckriegel et al. 2011).

Beteiligte in Innovations-Communities sind im Kontext der unternehmensinternen Produktentwicklung zwei wesentliche Gruppen: „Kern"-F&E-Mitarbeiter (Entwicklungsteam), für die Entwicklungstätigkeiten zum regulären Aufgabenspektrum gehören, sowie Mitarbeiter in nicht direkt F&E-bezogenen Abteilungen (Fachbereichsteam), für die Innovationstätigkeiten eine Zusatzaufgabe sind, die neben der täglichen Routine stattfindet (vgl. Wadell et al. 2014). Frühere Studien zeigen, dass diese Gruppe nicht weniger innovativ ist als das Entwicklungsteam, aber aufgrund der schwächeren Bindung an diese Aufgabe schwerer zur Partizipation zu aktivieren ist (vgl. Adamczyk et al. 2010).

Als technische Plattform für Innovations-Communities bieten sich Enterprise Social Software-Plattformen (ESSPs) an, die in Unternehmen mittlerweile weit verbreitet sind. ESSPs sind web-basierte Plattformen, die es Mitarbeitern ermöglichen 1) zu kommunizieren 2) Experten zu identifizieren, 3) Texte und Dateien zu veröffentlichen, zu editieren, zu kommentieren und zu sortieren und mit anderen zu teilen sowie 4) Nachrichten, Beziehungen und Inhalte, die von anderen gepostet, geteilt oder kommentiert wurden, zu sehen. Prominente Beispiele für ESSPs sind IBM Connections, Jive oder MS Sharepoint.

© Springer Fachmedien Wiesbaden GmbH, ein Teil von Springer Nature 2018
S. Rohmann und M. Schumann, *Best Practices für die Partizipation in der Produktentwicklung*, essentials, https://doi.org/10.1007/978-3-658-23551-2_2

Dabei lassen sich drei Varianten unterscheiden, um Mitarbeiter aus dem Fachbereichsteam an ESSP-basierten Innovations-Communities zu beteiligen. Die „Mitarbeiter als Entwicklungsressource", „Entwicklung mit Mitarbeitern" und die „Entwicklung durch Mitarbeiter" (vgl. Yenicioglu und Suerdem 2015). Je nach gewähltem Szenario unterscheiden sich der Grad der Beteiligung der Mitarbeiter an den Entwicklungstätigkeiten sowie der Grad der Einflussnahme des Unternehmens auf die Mitarbeiter zum Zweck einer konkreten Entwicklungsrichtung, wie dies Abb. 2.1 zeigt.

Im Rahmen der „Mitarbeiter als Entwicklungsressource" können z. B. bereits vorhandene Beiträge und Kommentare von Mitarbeitern in ESSPs ausgewertet werden, um Informationen zu Marktchancen, Entwicklungstendenzen und Produktpräferenzen zu erhalten. Das Fachbereichsteam trägt in diesem Szenario somit nur indirekt zur Entwicklung bei. Bei der „Entwicklung mit Mitarbeitern" werden diese aufgefordert, Produktideen und Konzepte zu generieren oder Prototypen und Produktvermarktungsstrategien zu bewerten. Mitarbeiter agieren dabei häufig nach konkreten Zielvorgaben des Unternehmens. Im Rahmen der „Entwicklung durch Mitarbeiter" werden Toolkits bereitgestellt, mit denen Mitarbeiter selbst Produkte gestalten oder Vermarktungsstrategien entwickeln können.

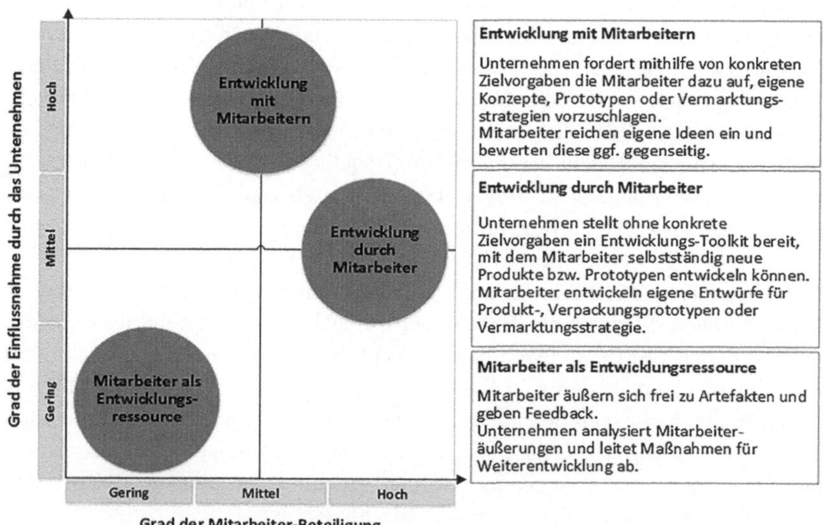

Abb. 2.1 Varianten der Mitarbeiter-Partizipation

Zielvorgaben werden dabei, im Vergleich zur zweiten Variante, häufig zugunsten kreativer und innovativer Lösungen reduziert. In diesem Beitrag wird primär das zweite Szenario betrachtet, da dieses dem ESSP-Einsatz in den untersuchten Unternehmen entspricht.

Systematisierung der Problemfelder und Rahmenbedingungen 3

Da ESSP-basierte Innovations-Communities sozio-technische-Systeme darstellen, lassen sich die existierenden Problemfelder den Kategorien *organisatorisch* und *technisch* zuordnen (vgl. Ruckriegel et al. 2011). Dabei stehen nachfolgend ausschließlich produktentwicklungsspezifische Problemstellungen im Fokus. Generelle Herausforderungen des Einsatzes von ESSPs, z. B. eine geringe Affinität der Nutzer zu diesen Werkzeugen, die auch in anderen Einsatzgebieten zu beobachten sind, werden nicht betrachtet.

3.1 Organisatorische Probleme

Die von diesen Problemstellungen betroffenen organisatorischen Einheiten sind die bereits benannten Zielgruppen der Plattform (Entwicklungsteam und Fachbereichsteam). Daher werden nachfolgend die Problemstellungen jeweils aus Sicht dieser Akteure betrachtet und mit Interviewzitaten illustriert.

P1: Angst vor Geheimnisverrat und den damit verbundenen Folgen Produktentwicklungstätigkeiten werden maßgeblich geprägt durch das Geheimhalten von Produktentwicklungswissen vor Wettbewerbern sowie dem Wahren von Urheberrechten der beteiligten Akteure. Somit steht der Einsatz von Innovations-Communities immer in einem Spannungsverhältnis zwischen notwendiger Offenheit einerseits, um Kreativität und damit verbundene Innovationen zu ermöglichen. Andererseits muss sensibles Produktentwicklungswissen vor dem Zugriff durch unberechtigte Dritte und damit verbundenen Folgen geschützt werden. Ängste von Mitarbeitern mit Beiträgen auf Innovations-Plattformen gegen das Produktgeheimnis zu verstoßen, hemmen somit die Nutzung, wie das Zitat von Experte 11

© Springer Fachmedien Wiesbaden GmbH, ein Teil von Springer Nature 2018
S. Rohmann und M. Schumann, *Best Practices für die Partizipation in der Produktentwicklung,* essentials, https://doi.org/10.1007/978-3-658-23551-2_3

zeigt: „Also wenn ich da irgendwann mal reingeschrieben habe, das mit dem Lack, das funktioniert so niemals, und das gibt tatsächlich damit Probleme und dann wird mein Beitrag auch noch öffentlich und dann in der amerikanischen Klage gegen uns verwendet, das Risiko möchte ich nicht eingehen […], da schreibe ich dann lieber gar nichts rein." Auch aus Sicht der Führungskräfte bestehen häufig Abwägungen wann eine Produktidee eine Reife erreicht hat, in der diese nicht mehr öffentlich diskutiert, sondern zum Einhalten strengerer Geheimhaltungsvorschriften, in die Entwicklungsabteilung verlagert werden sollte. „Die Frage ist auch, wann muss ich aufhören öffentlich [unternehmensweit] zu diskutieren. Also wann muss ich den Teilnehmerkreis einschränken, um zu vermeiden, dass Wissen über neue Entwicklungen doch noch zur Konkurrenz abfließt. Wenn ich das zu spät mache, ist mein Wettbewerbsvorteil weg, wenn ich das zu früh mache, dann entgehen mir vielleicht wichtige Rückmeldungen und diejenigen, die noch was sagen wollten, sind frustriert, weil da keiner mehr zuhört und das hat dann auch Auswirkungen auf meine Community, weil die sich dann ausgesperrt fühlen" Experte 12.

P2: Angst Urheberrecht zu verlieren Das Fehlen von klaren Reglungen zur Urheberrechtsverteilung von über Innovations-Communities entwickelten Ideen, stellt für Mitarbeiter einen weiteren Faktor dar, der diese hemmt Ideen zu teilen oder an der Ideenentwicklung mitzuwirken. Daneben hemmt auch die Angst eine gute Idee zu früh zu veröffentlichen und dadurch Urheberrechte daran zu verlieren, das Teilen von Informationen, insbesondere auch dann, wenn Prämienbestandteile daran geknüpft werden. „Wie gesagt, wir unterliegen der Betriebsvereinbarung, da steckt Gehalt, da stecken Prämienbestandteile drin – sodass diese zehn an den Urheberrechten beteiligt werden müssen. Genau diese Arbeit: erstens, zu gucken, welche sind denn wirklich werthaltig, und in welchem prozentualen Anteil müssen sie wohl an den Urheberrechten beteiligt werden, diese Arbeit übernimmt der Fachmoderator […]. Die 100 % Urheberrecht, die der Ersteinreicher hatte, nimmt der ihm weg, teilt die auf, und gibt genau dieses, nämlich die neue Urheberrechtsverteilung, als Vorschlag mit dem neuen Text an diesen Ersteinreicher zurück und fragt ihn: Bist du einverstanden? Weil er muss ja was hergeben von seinen Urheberrechten, seinen Anteilen" Experte 1.

P3: Komplexität des Themas Eine weitere Herausforderung besteht in der Komplexität der zu beschreibenden Sachverhalte (z. B. Zielvorgaben beim Aufruf zu Ideen- und Konzeptwettbewerben oder Problembeschreibungen) und den dafür in den ESSPs zur Verfügung stehenden Beschreibungsmitteln. Experte 11 hat das wie folgt zusammengefasst: „Ich kann ein Thema so erklären, dass es alle verstehen, oder so, dass es nur ein bis zwei weitere Kollegen in meinem direkten Umfeld begreifen. Wenn ich möglichst viele gute Rückmeldungen haben möchte, dann muss ich auch sehr gut erklären können, worum es geht." Allgemeinverständliche Erläuterungen sind allerdings zeitintensiv und führen damit zu einem Spannungsverhältnis, wie die Aussage von Experte 18 zeigt: „Das kostet allerdings ziemlich viel Zeit, […] Ich habe also immer einen trade-off zwischen möglichst kurzer Spezifizierung meines Anliegens und möglichst guter Feedbackquote. Häufig ist ein Problem auch erst dann richtig erklärt, wenn es bereits gelöst ist".

P4: Produktentwicklung als Nebentätigkeit Für Mitarbeiter des Fachbereichsteams sind Entwicklungstätigkeiten eine Zusatzaufgabe, die neben der täglichen Routine anfällt. Damit verbunden sind drei wesentliche Herausforderungen. Erstens hat das Mitwirken an Entwicklungstätigkeiten für Mitarbeiter aus dem Fachbereichsteam keinen direkten jobbezogenen Nutzen, wodurch kaum Anreize bestehen auf die Plattform zuzugreifen und an Diskussionen zu Entwicklungstätigkeiten mitzuwirken. Zweitens, aufgrund des Nebentätigkeitscharakters, fehlen für Mitarbeiter des Fachbereichsteams konkrete arbeitsplatzbezogene Anwendungsfälle, in denen Innovations-Communities verwendet werden. Berührungspunkte im Arbeitsalltag, die zur spontanen Nutzung von ESSP-basierten Innovationsnetzwerken führen, existieren somit nicht. Drittens, wird häufig argumentiert, dass neben der täglichen Routine keine Zeit zum Beteiligen an Innovations-Communities bleibt. Fehlender Freiraum für die Social Media-Nutzung am Arbeitsplatz ist somit ein weiterer Hemmfaktor. Dieser wirkt sich auch auf das Entwicklerteam aus. Studien zeigen, dass Entwickler bis zu 20 % ihrer Arbeitszeit mit der Suche nach Informationen und Wissensträgern verbringen. Die Hürde zusätzliche Zeit in eine Plattform zu investieren, von der nicht bekannt ist, ob man damit benötigte Informationen effizienter beschaffen kann oder nur zusätzliche Zeit benötigt, ist daher hoch.

3.2   Technische Probleme

Wesentliche technische Problemfelder betreffen das Integrieren der Innovationsplattform in die bestehende Anwendungslandschaft und die bestehenden Arbeitsprozesse sowie das Berücksichtigen produktentwicklungsspezifischer Rahmenbedingungen.

P5: Isolierte Applikationen & konkurrierende Funktionen „Als wir das neue Werkzeug in der Fachabteilung vorgestellt haben, kam direkt erstmal die Frage, wozu soll das gut sein. […] man hat ja schließlich genau diese Funktionen, also sowas wie Gruppen und Benachrichtigungen mittlerweile auch im [Name des PLM-Werkzeugs]. [...] Erklären Sie dann mal, dass es wegen der Compliance nicht möglich ist, da weitere Nutzer reinzubringen und man deshalb ein weiteres Werkzeug braucht" Experte 23. ESSPs konkurrieren daher häufig mit bereits implementierten Social Software-Funktionen in fachbereichsspezifischen Anwendungssystemen, wie z. B. CAD- oder PLM-Lösungen, die gleichzeitig die Kernanwendungen des Entwicklungsbereichs darstellen. Das führt zu redundanten Funktionalitäten und Konkurrenz zwischen den Anwendungen.

P6: Berücksichtigung des Produktentwicklungs-Kontexts Häufig werden am Markt verfügbare „Standard-"ESSP-Lösungen eingesetzt, die nicht speziell für den Einsatz als Innovations-Community oder zum Unterstützen von Produktentwicklungstätigkeiten konzipiert sind. Diese ESSPs erfüllen daher kaum produktentwicklungsspezifische Anforderungen, wie z. B. das Sicherstellen von Produktgeheimnissen oder das Verteilen von Urheberrechten. „Also diese Werkzeuge haben da gar nicht die entsprechende Datenschutzfreigabe [...]. Da darf ich Informationen/Daten aus F&E-Systemen gar nicht drin haben, nicht einmal drauf verlinken" Experte 9. Hinzu kommt, dass häufig nicht die entsprechenden Funktionalitäten vorhanden sind, um mit Datenformaten aus dem Entwicklungsbereich umgehen zu können, bspw. CAD-Daten. Viele Experten haben dazu angemerkt, dass verschiedene Visualisierungsmöglichkeiten wichtig sind, um Sachverhalte mit Zeichnungen, Bildern oder auch Videos verdeutlichen zu können. Insbesondere wenn es um die Beschreibung und Lösung von während der Entwicklung auftretenden Problemen geht. „Manche Leute sind aber so gestrickt, dass die ein Problem erst dann begreifen, wenn man denen ein Bild zeigt. Ein Bild und drei Sätze dazu schaue ich mir auch eher an, als den gleichen Sachverhalt über drei Seiten Text ausgeführt lesen zu müssen, weil ich die Zeichnung da drin nicht veröffentlichen darf" Experte 5.

Lösungsansätze aus der Praxis 4

Die von den Experten benannten Handlungsempfehlungen lassen sich analog zu den beschriebenen Problemstellungen in organisatorische und technische Lösungsansätze klassifizieren.

4.1 Organisatorische Lösungsansätze

Organisatorische Lösungsansätze lassen sich darüber hinaus anhand des Reifegrads einer Innovations-Community gruppieren. Zunächst erleichtern vorbereitende Maßnahmen während der Einführung einer Plattform, den erstmaligen Zugang von Nutzern zur Plattform. Anschließend fördern einmalige oder regelmäßige begleitende Maßnahmen während der Betriebsphase neben dem Zugang zur Plattform auch dessen Nutzung.

4.1.1 Möglichkeiten im Rahmen der Einführungsphase

Einführungsmaßnahmen dienen dem Zweck eine neue Plattform im Unternehmen bekannt zu machen und bei den Mitarbeitern Akzeptanz für die Nutzung zu schaffen. Tab. 4.1 enthält die in der Expertenbefragung identifizierten Maßnahmen zum Einführen von Innovations-Communities.

Einige Unternehmen haben dem offiziellen Start ihrer Innovations-Community einen Pilotbetrieb vorangestellt, um bei dieser **Machbarkeitsprüfung** die neue Plattform zunächst mit begrenztem Nutzerkreis zu testen. Ziel ist es, die organisatorischen Rahmenbedingungen der Plattform näher zu evaluieren, z. B. das Testen von produktentwicklungsrelevanten Berechtigungsstrukturen. Der begrenzte

© Springer Fachmedien Wiesbaden GmbH, ein Teil von Springer Nature 2018   11
S. Rohmann und M. Schumann, *Best Practices für die Partizipation in der Produktentwicklung,* essentials, https://doi.org/10.1007/978-3-658-23551-2_4

Tab. 4.1 Best Practices für die Einführungsphase

Kategorie	Ansatz
Machbarkeitsprüfung	• Identifizieren technischer und organisatorischer Rahmenbedingungen • Identifizieren zentraler Anwendungsfälle

Einführungsmaßnahmen	• Veröffentlichen von „Success Stories"
	• Ideenwettbewerbe
	• Exklusivität schaffen
	  – Exklusivinformationen bereitstellen
	  – Zugang nur nach Einladung/Empfehlung
	• Begrüßungsgeschenk

Schulungsmaßnahmen	• Fachkräfteschulung • Führungskräfte- bzw. Lead User-Schulung

Teilnehmerkreis der Pilotphase bietet aufgrund seiner Exklusivität auch die Möglichkeit, gezielt Neugier zu wecken. Eine Variante ist es, das neue Nutzer nur auf Anfrage oder nach Einladung durch bereits bestehende Nutzer auf die Plattform gelangen. Die Maßnahme richtet sich somit ausschließlich an interessierte Nutzer, die sich potenziell auch an Diskussionen beteiligen. Die Machbarkeitsprüfung dient damit, neben dem Beheben von Fehlern, auch dazu, durch erste Inhalte und Exklusivität Anreize zu schaffen, um den Nutzerkreis zu steigern. Gleichzeitig lassen sich dadurch weitere Maßnahmen vorbereiten, z. B. wenn in der Pilotierung erste Best Practices entwickelt werden, die wiederum in Schulungsmaßnahmen als Beispiele dienen.

Das Bereitstellen von **exklusiven, regelmäßigen Inhalten** auf der Plattform dient ebenfalls als Nutzungsanreiz. Eine Möglichkeit besteht in dem Bündeln von Informationen aus bestehenden Kanälen, z. B. regelmäßige E-Mail-Newsletter oder Intranet-Meldungen, das laut den Befragten mehrere Problemstellungen adressiert. Zum einen wird der Aufwand reduziert, um die Plattform mit Informationen zu füllen, da diese nur zusammengetragen, aber nicht neu erstellt werden müssen. Zum anderen existiert bereits eine Zielgruppe, die die vorhandenen gebündelten Informationen regelmäßig abruft. Diese Mitarbeiter werden die Plattform daher regelmäßig nutzen, um sich über aktuelle Entwicklungen zu informieren. Mit diesem übergreifenden Nutzungsszenario wird auch dem Fehlen konkreter arbeitsplatzbezogener Anwendungsfälle entgegengewirkt. Als Nebeneffekt wurde in einigen Fällen auch das E-Mail-Aufkommen reduziert, da E-Mail-Verteiler zum Entwicklungsstatus nicht mehr erforderlich sind. Durch Neugier und indirekten Nutzungszwang werden mit dieser Maßnahme somit

Nutzungsanreize geschaffen, die den Teilnehmerkreis der Plattform und deren regelmäßige Nutzung steigern.

Eine weitere Variante, um die Plattform mit Inhalten zu versorgen, besteht darin, sogenannte „**Success Stories**" zu veröffentlichen. Hierbei berichten Teams oder Abteilungen in kurzen Textbeiträgen oder Videosequenzen davon, unter welchen Bedingungen und für welche Zwecke Sie die neue Plattform erfolgreich einsetzen. Diese Geschichten können dann wiederum über die Einführungsphase hinaus in anderen Abteilungen neue Impulse generieren und entsprechend adaptiert werden.

Daneben wird mit **Ideenwettbewerben** ein weiterer Anwendungsfall etabliert, an dem sich alle Mitarbeiter, unabhängig von der Bereichszugehörigkeit, beteiligen können. Ideenwettbewerbe dienen somit in der Einführungsphase als Bestandteil des Roll-out-Konzepts, um den Bekanntheitsgrad zu steigern und mit dem Veröffentlichen bereits eingereichter Ideen und Konzepte Nutzungsanreize zu schaffen. Dabei kann es für die Ideeneinreicher hilfreich sein, wenn zum Start des Ideenwettbewerbs zunächst die fachliche Zielsetzung durch das Unternehmen skizziert wird, die Mitarbeitern beim Generieren von Ideen als Orientierung dient. Darüber hinaus können auch zuvor mündlich diskutierte oder bislang unidirektional eingereichte Ideen aus dem betrieblichen Vorschlagswesen Verwendung finden. Frühere Ideengeber erhalten somit Wertschätzung und werden als aktive Nutzer im neuen Anwendungssystem eingebunden, um ihre Ideen zu diskutieren und weiterzuentwickeln. Zudem lassen sich, anhand der Anzahl der eingereichten Ideen oder der Menge an Feedback zu Ideen, besonders aktive Nutzer, sog. Lead User (vgl. von Hippel 1986, S. 796; Kratzer et al. 2016), identifizieren. Diese können dann auch potenzielle Teilnehmer für Schulungen sein und als Multiplikatoren in ihrer unmittelbaren Umgebung wirken.

Zusätzliche Nutzungsanreize werden durch spielerische Elemente erzeugt. Ein Beispiel sind **Begrüßungsgeschenke,** die als Dank für die Anmeldung auf der Plattform ins Büro des Mitarbeiters geliefert werden. Das animiert wiederum die Kollegen im unmittelbaren Umfeld sich ebenfalls anzumelden. Der Spaßfaktor dieser Maßnahme sorgt dafür, dass die Plattform im Unternehmen zum Gesprächsthema und somit bekannt wird. Gleichzeitig führt das dadurch initiierte gegenseitige Animieren von Mitarbeitern, sich anzumelden und aktiv zu beteiligen, dazu, dass die Akzeptanz der Plattform und dessen Nutzung gesteigert werden.

Zwar führen spielerische Elemente dazu, dass eine grundsätzliche Ablehnungshaltung gegenüber der Plattform reduziert wird. Die Plattform wird damit aber noch nicht als nützliches Werkzeug wahrgenommen. Daher werden parallel zu den bereits beschriebenen Einführungsmaßnahmen in den

Unternehmen zwei Arten von **Schulungen** eingesetzt. Allgemeine Mitarbeiterschulungen führen in die grundsätzliche Zielsetzung und Bedienung der Plattform ein. Die Schulungsinhalte werden dabei auch anhand der Erfahrungen aus dem Pilotbetrieb generiert, z. B. häufig gestellte Fragen oder häufigste Bedienfehler. Zudem werden gezielt Mitarbeiter aus verschiedenen Abteilungen geschult, damit diese anschließend als Ansprechpartner und Multiplikatoren für die Systeme in ihren Teams und Abteilungen fungieren. Im Fokus stehen dabei die Lead User der Plattform. Eine wesentliche Erfolgsdeterminante dabei ist es, dem Schulungsteilnehmer seinen individuellen Mehrwert durch das Verwenden der Plattform aufzuzeigen. Zudem sollte dieses Wissen arbeitsplatznah vermittelt werden, damit der Mitarbeiter das Erlernte direkt anwenden kann. Durch das Aufzeigen individueller Mehrwerte werden somit Akzeptanz und Nutzungsanreize geschaffen.

Bei den Führungskräfteschulungen werden insbesondere Kenntnisse zum Führungsverständnis im Kontext sozialer Medien vermittelt (vgl. Management-Verhalten; Tab. 4.2). Dabei werden Führungskräfte gezielt angeregt, bspw. im Rahmen von Ideenwettbewerben Ideenpatenschaften zu übernehmen und somit Ideen der eigenen Mitarbeiter als Führungskraft zu fördern. Tab. 4.3 enthält ausgewählte Zitate zu den beschriebenen Lösungsansätzen.

4.1.2   Möglichkeiten im Rahmen der Nutzungsphase

Tab. 4.2 fasst die Best Practices für die Nutzungsphase zusammen.

Neben den in der Literatur häufig propagierten generellen Aspekten von Social Media-Guidelines, wie z. B. Netiquette, berücksichtigen die Experten zusätzlich auch produktentwicklungsspezifische Rahmenbedingungen in diesen **Regelwerken.** Dazu gehören Hinweise, dass es managementseitig gewünscht ist, (produktenwicklungsrelevante) Informationen über die Innovations-Community zu teilen und dieses Teilen vom Management gefördert wird. Neben Regelwerken in Textform helfen auch kurze Videosequenzen, um einzelne Aspekte mit Beispielen zu vermitteln. Auch transparente Beteiligungsregelungen und Urheberrechtsvereinbarungen von in der Community entwickelten Produktideen und -verbesserungen werden dabei berücksichtigt. Eine Lösung ist es, die Beteiligungsanteile von der Community zuordnen zu lassen. Transparente Richtlinien und deren Durchsetzung durch die Community reduzieren somit Hemmnisse der Mitarbeiter Wissen zu teilen.

Neben den Richtlinien stellt das Eingliedern der Plattform in die Aufbau- und Ablaufstrukturen einen wesentlichen Gestaltungsparameter dar. Nach Aussage der Experten muss klar ersichtlich sein, wer im Unternehmen für die Plattform verantwortlich ist und diese **Verantwortlichkeit** sollte außerhalb

Tab. 4.2 Ausgewählte Zitate zu Best Practices für die Einführungsphase

Machbarkeitsprüfung

„Wenn ich mit einem begrenzten Teilnehmerkreis beginne und ein Kollege, den ich kenne lädt mich in ein Netzwerk ein und schreibt in die Einladung, dass er im Netzwerk auf eine Idee gestoßen ist, die für meinen Bereich nützlich sein kann, oder er da ein Problem beschrieben hat, von dem er glaubt, dass ich ihm helfen kann, dann habe ich einen direkten Bezug zum Netzwerk und werde es dann auch nutzen." Experte 4

Einführungsmaßnahmen

„Wir haben dann angefangen regelmäßige Statusinformationen, die wir sonst immer im E-Mail-Verteiler per reply-all verschickt haben, nur noch in das Werkzeug zu schreiben. [...] Also wenn mich der Kollege angerufen hat und diese Informationen haben wollte, dann habe ich gesagt schau ins Tool G, es steht alles da drin. [..] So musste jeder regelmäßig da reinsehen, das Werkzeug nutzen und man hat auch gemerkt, dass man die Informationen da auch viel leichter findet als im Postfach." Experte 22

„Also Ideenmanagementarbeit heißt immer wieder aktiv an die Leute rangehen, d. h. sei es mit Ideenwettbewerben, sei es mit Kommunikation in der Mitarbeiterzeitschrift, im Intranet, an verschiedensten Stellen. [...] Das haben wir immer wieder in kleinen Wellen getan, da kann man dann auch sehr genau die Ideeneingangszahl messen. [...] viele, viele Bausteine sind immer wieder notwendig, um an die Mitarbeiter heranzutreten und zu sagen: Liebe Leute, Schubladen auf – wo sind die Ideen?" Experte 1

„[...] normalerweise basiert Tool D auf intrinsischer Motivation, also es gibt keine Preise, kein Geld. Wenn die Leute sich anmelden und auf die Plattform gehen, kriegen die ein Welcome Pack mit einer kleinen Tüte, da drin ist ein Post-it, ein Stift, ein kleines Lego-Männchen als Spaß. [...] Und die Kekse kommen dann später für die Leute, die sich wirklich aktiv [beteiligen] und die viel kommentiert haben etc. Aber wirklich, und das funktioniert." Experte 17

Schulungsmaßnahmen

„Ich bin jetzt am definieren, mit welchen Gruppen fangen wir zuerst an und dann zielgruppenorientiert dort die Leute anzugreifen und zu sagen: naja, in eurem Szenario, ich stelle das Tool dann vor, und sage: ok, in eurem Fall, [...] wie hilft es euch, wo ist der Mehrwert, da können wir angreifen, da macht es Sinn und speziell dann Schulungen anzubieten für die Personen usw. Und dann eben, das Ganze machen wir über Sessions, Remote-Sessions, oder Online-Sessions, morgens, abends, um den Leuten da wirklich zu zeigen: Was ist denn wirklich der Mehrwert? [...] Wir helfen gerne, wenn uns die Prozesse erklärt werden, diese zu moderieren und zu zeigen, wie man z. B. so eine Community zum Laufen bringt, was man machen muss, was man nicht machen muss, was funktioniert und was nicht funktioniert, anhand der Lessons Learned und der Best Practices, die wir bisher eingesammelt haben." Experte 8

„Führungskräfte, wenn Sie die für das Thema Enterprise 2.0 schulen, dann haben die völlig andere Herausforderungen. Führung 2.0 ist da ja immer so ein Thema, also wie kann ich ein soziales Netzwerk nutzen, um als Führungskraft erfolgreich zu sein. Also das ist vielfältig und die Herausforderung ist wirklich Arbeitskulturen zu verstehen und auf sie einzugehen." Experte 2

Tab. 4.3 Best Practices für die Nutzungsphase

Kategorie	Ansatz

Richtlinien	• Allgemeine ESSP-Guidelines
	• Entwicklungsbezogene Vereinbarungen
	  – Urheberrechts- und Beteiligungs-
	    regelungen
	  – Verschwiegenheitserklärungen

Verantwortlichkeit & Community Management	• Einrichten eines ESSP-Departments • Benennen eines Community-Managers
Management-Verhalten	• Führungskräfte als regelmäßige aktive Nutzer • Übernahme von Ideen- und Konzept-patenschaften • Sichtbare Übergabe von Steuerung und Kontrolle an die Community

einer bestimmten F&E-bezogenen Abteilung verortet sein, um Vorbehalten und Bereichsdenken vorzubeugen. Damit ist eine klare Kommunikation der mit der Plattform verfolgten Zielsetzung ein weiterer Faktor, um die Akzeptanz insbesondere beim Entwicklungsteam zu steigern. Aber auch Mitarbeiter aus dem Fachbereichsteam stehen der ESSP zunächst ablehnend gegenüber, wenn ersichtlich ist, dass dort Innovationstätigkeiten für andere, möglicherweise auch um Entwicklungsbudgets konkurrierende, Abteilungen im Vordergrund stehen. Das Einrichten eines eigenen Fachbereichs für ESSP ermöglicht der Innovations-Community eine weitestgehend neutrale Stellung, um diesen Bereichsegoismen vorzubeugen. Gleichzeitig erfolgt eine klare organisatorische Trennung zwischen dem sog. Fuzzy-Front-End, d. h. dem Bereich, wo Produktideen- und Konzepte generiert und ausgereift werden, und der Kern-Entwicklung, wo diese Konzepte im Rahmen von Entwicklungsprojekten in marktfähige Produkte überführt werden. Diese Trennung kann auch dabei unterstützen, die Zielsetzung der Plattform besser zu definieren und darüber Akzeptanz zu schaffen.

Um Maßnahmen umzusetzen, werden ESSP-Verantwortungsbereiche mit eigenem Budget und Personalverantwortung ausgestattet. Je nach Umfang der Community kann das ein paar Stunden pro Woche oder Tag sein, in denen ein Mitarbeiter, als sog. **Community-Manager,** die Plattform pflegt. Neben der Pflege der Plattformstruktur nennen die Befragten auch die Moderation von Diskussionen und das Einbeziehen weiterer Experten in diese Diskussionen als Aufgaben des Community Managers, um den Teilnehmerkreis zu erhöhen und durch explizites themenorientiertes Einladen von Experten in Diskussionen Nutzungs-anreize zu setzen.

Mit der Übergabe von Diskussionen vom Community-Manager an Experten, rückt die **Rolle der Führungskräfte** als sichtbare aktive Community-Nutzer in den Fokus, z. B. durch regelmäßige Beteiligung an Diskussionen und die Über-nahme von Ideen- und Konzeptpatenschaften. Damit demonstrieren Führungs-kräfte, dass das Mitwirken an der Innovations-Community erwünscht ist und steigern bei ihren Mitarbeitern die Akzeptanz für diese Initiativen. Auch Feed-back an die Community in späteren Entwicklungsphasen trägt dazu bei. Ein plattformseitig fest eingefordertes Feedback kann, neben dem Erfassen von Rück-meldungen zum Umsetzungsfortschritt und der damit erreichten Transparenz, auch genutzt werden, um bei erfolgreichen Umsetzungen Erfolgsgeschichten zu generieren (vgl. Einführungsmaßnahmen; Tab. 4.1). Diese Berichte zu erfolgreich umgesetzten Ideen dienen wiederum als Nutzungsanreiz, um weitere Mitarbeiter und Führungskräfte zu aktivieren. Tab. 4.4 enthält ausgewählte Zitate zu den Lösungsansätzen der Nutzungsphase.

4.2   Technische Lösungsansätze

Aus technischer Perspektive existieren zwei Stellschrauben, um die Partizipa-tion von Nutzern zu fördern. Zum einen können Eintritts- und Nutzungsbarrieren reduziert werden, um den Zugang zur Plattform zu erleichtern (Zugang schaf-fende Ansätze; Tab. 4.5 und 4.6). Zum anderen kann der Bedienkomfort der Platt-form verbessert werden, um effizienteres Arbeiten zu ermöglichen und darüber Nutzungsanreize zu erhöhen (Nutzung fördernde Ansätze; Tab. 4.7 und 4.8).

Die Integration der Innovations-Community in die bestehende Anwendungs-landschaft beginnt mit dem Schaffen einer dem Mitarbeiter möglichst **vertrauten** Benutzungsoberfläche. Durch eine Orientierung an der Corporate Identity oder führenden Anwendungssystemen im Unternehmen werden bekannte Farb-schemata sowie Logos wiederverwendet und Schaltflächenbezeichnungen an das unternehmensspezifische Vokabular angepasst. Daneben ist aus Sicht der Exper-ten ein einheitliches Identitäts- und Zugangsmanagement eine weitere notwendige Voraussetzung. Zugangsbarrieren werden somit durch ein weitgehend anmelde-freies Zugreifen auf die Plattform verringert. In den befragten Unternehmen reichen die Lösungsansätze von der Möglichkeit bereits bestehende Nutzer-kennungen zum Anmelden in der neuen Plattform wiederzuverwenden, über die Einbindung in ein zentrales Authentifizierungsverfahren (Single-Sign-On) bis zur Integration der ESSP in ein zentrales Identitätsmanagement, das durch das persönliche Profil des Mitarbeiters aus der ESSP angereichert werden kann.

Tab. 4.4 Ausgewählte Zitate zu Best Practices für die Nutzungsphase

Richtlinien

„Wir haben die Community dann entscheiden lassen, wer wie viel Prozent von der Beteiligung erhält. Wir haben aber bewusst Prozente verteilen lassen, weil man ein Prozent leichter abgibt als ein Euro, das ist einfach so. Und die Community hat da bislang immer sehr faire Aufteilungen beschlossen." Experte 7

Verantwortlichkeit & Community-Management

„Also diese Ablehnungshaltung der Kernentwickler bzw. Ingenieure abzubauen, das war ein echtes Problem. Die waren natürlich erstmal gekränkt, dass da ein Ansatz kommt, der dafür sorgt, dass plötzlich jeder im Unternehmen F&E machen kann. Da war vorab viel Kommunikation notwendig, um deutlich zu machen worum es uns mit der Plattform geht, nämlich neue Impulse zu erhalten oder eben auch mal schnell Feedback. Aber die Entwicklung an sich, also diese bewährten Prozesse, wollten wir dabei gar nicht anfassen. Die Entwicklung im Kern, die bleibt also Aufgabe der, ich sage mal der Profis. Und ohne deren Input und deren aktive Beteiligung funktioniert die Plattform nicht. Das war die Message, die wir da erstmal in die F&E tragen mussten. Da mussten wir sozusagen erstmal ganz viel mit denen offline menscheln, bevor wir mit denen online socialn konnten." Experte 11
„Bei uns benutzen ganz viele und ganz wild diese Plattform. Und da fehlt häufig also auch die Struktur und es kommt zu so einem Wildwuchs. Und da, wo es ein bisschen strukturiert geht, da funktioniert das. Bei uns wird das jetzt mehr und mehr z. B. durch Werkstudenten oder Praktikanten geregelt, die bekommen also die Aufgabe, die Community ein Stück zu pflegen und dann funktioniert das auch. Aber das ist also ein Punkt, der wird häufig unterschätzt. Die denken: Wir führen jetzt Social Software ein, installieren das, machen auch ein großes Projekt, aber vergessen, sage ich mal, Ressourcen beizustellen oder Zeitfenster einzuräumen." Experte 18
„Also wir haben da mit [Namen der Mitarbeiter] zwei sehr engagierte User, quasi die Schirmherren der Plattform. Die sind unsere aktivsten Nutzer, halten also mit ihren Beiträgen die Diskussionen aufrecht und moderieren die Geschehnisse ein Stück weit. […] Aber irgendwann haben wir dann gemerkt, dass da mehr Inhalte kommen als wir anfangs gedacht haben und das schaffen die gar nicht mehr alles abzuarbeiten. […] Wir haben dann händeringend nach den Profis im Unternehmen gesucht, die genau von diesen Themen was verstehen und uns da unterstützen können, sozusagen die Moderation dann ab einem bestimmten Punkt abgegeben. Die haben dann sozusagen die Patenschaft für diese Ideen übernommen. […] Am liebsten haben wir da dann auch direkt die entsprechenden Führungskräfte der betroffenen Fachbereiche mit ins Boot geholt, weil das häufig so eine Art Schneeballeffekt hatte, da die dann häufig auch gleich noch ein paar Mitarbeiter in ihrer Abteilung einbezogen haben." Experte 20

Management-Verhalten

„Wir haben da einen richtigen Feedback-Mechanismus implementiert und der ist zeitnah. Also nach spätestens vier Wochen poppt der auf und dann muss ich berichten, was aus der Idee oder dem Konzept geworden ist. Also wurde das erfolgreich umgesetzt, in welcher Phase sind wir oder wurde doch abgebrochen und dann aber auch Gründe eins, zwei, drei. […] Wenn die nicht erfahren, was aus ihrer Idee geworden ist, werden die nicht noch einmal mitmachen" Experte 11
„So nach und nach wurden dann einige Ideen auch erfolgreich umgesetzt, und da haben sich dann, nachdem das Feedback dazu eingestellt war, plötzlich auch Kollegen interessiert gezeigt, die wir vorher gar nicht erreicht haben. Da gab es dann also mal handfeste Erfolgsgeschichten." Experte 5

Tab. 4.5 Zugang schaffende technische Lösungsansätze

Kategorie	Ansatz
Vertrautheit	• Anpassung der Benutzungsoberfläche an die Corporate Identity • Single-Sign-On & einheitliche Nutzeridentität
Vernetzung	• Sprungmarken (Intranet-Links; Client-Plug-ins) • Integration in unternehmensweite Suchfunktion • Statusinformationen aus Produktentwicklungssystemen auf ESSP bündeln

Tab. 4.6 Ausgewählte Zitate zu Zugang schaffenden technischen Lösungsansätzen

Vertrautheit

„Wir haben mehrere Tools im Einsatz, da ist eine einheitliche Identität über die Tools und vor allem ein einheitlicher Zugang die Mindestanforderung, wobei eigentlich auch das Anmelden an den Plattformen schon ein Schritt zu viel ist. Wenn ich mich da immer erst einloggen muss, dann muss ich den Besuch auf der Plattform planen und dann mache ich das nicht mehr spontan und vor allem nicht mehr kreativ, sondern verschiebe das auf später und dann vergesse ich das. Wenn ich aber morgens ins Büro komme, mich einmal zentral anmelde und dann permanent auf alles zugreifen kann, ist das was völlig anderes." Experte 13

Vernetzung

„Also verlinken ist kein Problem. Tool C bietet die Möglichkeit, sog. Activity Feeds zu definieren, beliebig, wie ich will, und diese Feeds kann ich dann über JavaScript auf die einzelnen Portalseiten anderer Webplattformen einbinden, d. h. wir wollen genau solche Installationsszenarien bauen, wo ich sage: Hier habe ich ein Thema auf der Plattform XYZ und dazu möchte ich den Feed aus Tool C einbinden zu dem Thema XYZ logischerweise und der soll unten dargestellt werden. Das ist die eine Idee, sozusagen aus Tool C in die Plattform hinein. Jetzt kommt die andere Integration von den Plattformen in Tool C hinein: Ich möchte auf der Plattform, dem Portal bspw., da habe ich ein internes Thema gefunden, möchte ich meiner Gruppe, meinen Personen mitteilen und da möchte ich den Link, oder was auch immer es ist, in Tool C hinein posten für die Gruppe jeweils, einfach per Knopfdruck, ohne dass ich jeweils kopieren muss. Das sind die Verknüpfungen, die wir bauen, praktisch in die Businessprozesse rein, wo es verknüpft sein muss." Experte 8
„Wenn ich über die unternehmensweite Suche auf Inhalte aus dem Netzwerk stoße, dann helfen mir einerseits diese Informationen weiter, andererseits sehe ich auch von wem die stammen und den kann ich dann für weitere Fragen kontaktieren. Dann haben diese Informationen gleich einen doppelten Nutzen." Experte 6

Tab. 4.7 Nutzung fördernde technische Lösungsansätze

Kategorie	Ansatz
Flexibilität	• Eigenständiges Anlegen von Gruppen • Bedarfsspezifisches Anpassen des Teilnehmerkreises (Einladungs-funktion)
Transparenz	• Aufbewahren & Ändern von Beiträgen • Umfang & Sichtbarkeit von Beiträgen und Profilinformationen

Tab. 4.8 Ausgewählte Zitate zu Nutzung fördernden technischen Lösungsansätzen

Flexibilität

„[…] dass wir Teamräume aufgebaut haben, man konnte Gruppen anlegen, man konnte Leute in Gruppen einladen zu jeglichem Thema, es war komplett frei. Parallel dazu haben wir auf Tool X auch die Spaces gehabt, also Communities haben wir die genannt, die dann eher gemanagt waren." Experte 8

Transparenz

„Es gibt Situationen, dass jemand sichtbarer sein möchte in einer Domäne. Da ist jemand, ein wichtiger Experte und ist aber in der Hierarchie in der Firma auf unterster Ebene. Und das ist unbefriedigend für den Betroffenen. Und mit Tool N hat er ja doch die Möglichkeit, zumindest zu diesem fachlichen Thema, wo er sich auskennt, über Abteilungsgrenzen hinweg sichtbar zu sein. Das ist ein starker Treiber." Experte 14

Neben dem Verringern von Zugangsbarrieren fördert die Integration von ESSP in die Geschäftsprozesse bzw. die **Vernetzung** mit den dabei verwendeten Anwendungssystemen die Nutzung der Plattform. Dabei sind zwei Herangehensweisen zu unterscheiden. Erstens das Einbinden von ESSP-Inhalten und Funktionen in die bestehenden Systeme. Zweitens das Integrieren von Inhalten aus bestehenden Systemen in die ESSP bzw. das Verlinken von den Systemen zur ESSP. Neben Verlinkungen aus webbasierten Anwendungen, z. B. Intranet-Seiten, werden auch Plug-Ins für lokale Clients verwendet. Einige ESSP-Anbieter stellen z. B. Plug-Ins für E-Mail-Programme bereit. Diese ermöglichen es, direkt aus dem E-Mail-Client heraus über Neuerungen aus dem Netzwerk informiert zu werden oder mit dem Netzwerk durch Kommentare oder Bewertungen zu interagieren. Auch eine Integration von ESSP-Content in die unternehmensweite Suchfunktion hilft, um Mitarbeiter auf nützliche Inhalte im ESSP aufmerksam zu machen. Gleichzeitig bieten sich Innovationsnetzwerke aufgrund der vorhandenen Awareness-Funktionen als zentrale Informationsplattform an. So können z. B.

Activity-Streams verwendet werden, um über Schnittstellen Statusinformationen aus weiteren Anwendungssystemen zu bündeln. Beide Ansätze verbessern somit neben dem Zugang auch den Nutzen für den Mitarbeiter.

Neben Zugang schaffenden Lösungen sind Ansätze notwendig, um die Nutzung der Plattform zu fördern. Dazu gehören eine hohe Flexibilität in der Verwendung der ESSP sowie Transparenz darüber, wer auf Informationen zugreifen und an Diskussionen teilzunehmen darf (vgl. Tab. 4.7).

Innovationsprozesse sind geprägt durch ein hohes Maß an kreativen und wissensintensiven Tätigkeiten. Um diese Prozesse zu unterstützen, ist aus technischer Perspektive eine gewisse **Flexibilität** der Plattform notwendig. Dazu gehört auch das selbstständige Anlegen und Administrieren von Gruppen durch die Nutzer der Plattform. Das Zerlegen einer großen Innovations-Community in kleinere Gruppen widerspricht zwar dem Gedanken der „wisdom-of-the-crowds" (vgl. Surowiecki 2005), die in der Regel als Zielsetzung mit dem Einrichten von Innovations-Communities verfolgt wird. Die Maßnahme hilft jedoch bestehende Ängste und Zurückhaltung zu reduzieren, da Mitarbeiter Produktideen oder Konzepte zunächst allein oder mit ausgewählten Kollegen in einem geschlossenen Bereich entwickeln können, bevor diese der Community vorgestellt werden. Zudem wird verhindert, dass die Community gute Ideen ablehnt, weil diese nicht ausreichend spezifiziert sind. Ideen können somit erst eine gewisse Reife erlangen, bevor diese der „Öffentlichkeit" präsentiert und zum Bewerten freigegeben werden. Ein weiterer Vorteil des selbstständigen Anlegens ist, das keine Freigabe-Workflows für Mitarbeiter und Plattform-Administratoren entstehen, die Aufwand verursachen und verhindern, dass spontan neue Gruppen entstehen und neue Themen diskutiert werden.

Daneben geben die Befragten an, dass Mitarbeiter gehemmt sind Beiträge zu verfassen oder zu kommentieren, wenn nicht ersichtlich ist, wer auf diese Informationen zugreifen kann. Als wirksame Maßnahme hat sich dabei eine **transparente** Darstellung der jeweiligen Zuhörergruppe gezeigt. Etwa durch grafische Einblendung der Unternehmenshierarchie oder der Datenschutzklasse einer Gruppe in *Öffentlich, Team/Abteilung* oder *persönlich*. Die Frage der Sichtbarkeit von Beiträgen ist auch in Bezug auf die Geheimhaltung von Produktinformationen relevant. So kann es vorkommen, dass bestimmte Aspekte eines Produktes zunächst nur von einem ausgewählten Mitarbeiterkreis mit entsprechender Sicherheitsfreigabe diskutiert werden dürfen. Um zu vermeiden, dass in diesen Diskussionen entstehendes Wissen dauerhaft im Unternehmen verborgen wird, kann diese geheime Diskussion auch zeitgesteuert archiviert oder freigeschaltet werden, um zu einem Zeitpunkt, an dem diese Information nicht mehr kritisch ist, in die betriebliche Wissensbasis überführt zu werden. Auch das Individualisieren von Umfang und Sichtbarkeit der eigenen Profilinformationen fördert die Nutzung. Extrovertierte Nutzer können ihr Profil erweitern, um ihre Sichtbarkeit und damit die Chance zu erhöhen, zu interessanten Diskussionen eingeladen zu werden und zurückhaltende Nutzer können mit gezieltem Einschränken von Profilinformationen den gegenteiligen Effekt erzielen.

Diskussion 5

Die vorgestellten organisatorischen und technischen Lösungsansätze verdeutlichen, dass eine Kombination mehrerer Maßnahmen erforderlich ist, um die Mitarbeiterpartizipation zu erhöhen. Einzelne Maßnahmen adressieren dabei häufig nur eines der identifizierten Teilziele „Steigern der Bekanntheit", „Steigern der Akzeptanz", „Schaffen von Nutzungsanreizen", „Erleichtern des Zugangs" und „Verbessern des Bedienkomforts".

Passende Lösungsansätze auszuwählen, aufeinander abzustimmen sowie personelle und finanzielle Ressourcen dafür zu akquirieren erfordert eine sorgfältige Planung. Der vorliegende Beitrag liefert dazu erste Ansatzpunkte und zeigt, dass zusätzlich zur Unterscheidung der Maßnahmen in die Einführungs- und Nutzungsphase, auch eine gewisse Stufigkeit der Maßnahmen innerhalb der Phasen existiert. Beispiele sind das Verwenden von Erfahrungen aus der Machbarkeitsprüfung zum Gestalten von Schulungsmaßnahmen oder das Identifizieren von Schulungsteilnehmern aufgrund vorangehender Ideenwettbewerbe. Damit wird deutlich, dass mitarbeiterzentrierte Innovations-Communities kein Selbstläufer sind. Neben Schulungen, die Mitarbeitern insbesondere den individuellen Mehrwert der ESSP-Nutzung vermitteln, ist daher eine aktive Unterstützung durch die Rolle des Community-Managers erforderlich, um die Plattform bekannt zu machen, erste Inhalte zu schaffen, Nutzer zu aktivieren sowie Diskussionen zu fördern und zu ordnen. Ab einem gewissen Grad der Interaktion auf der Plattform wird der Community-Manager dann zum Vermittler, der themenorientiert Experten und Inhalte zusammenbringt. Dann rückt das Agieren von Führungskräften als aktive Vorbilder und Anreizgeber in den Vordergrund, auch, um das Innovationspotenzial in erfolgreiche Projekte zu überführen. Unternehmen, die Innovations-Communities einführen wollen, sollten daher die Aspekte Schulungen, Community-Management und Führungskräfteverhalten in den Fokus ihrer

Überlegungen rücken und prüfen, wie diese durch die weiteren aufgezeigten Maßnahmen ergänzt werden können.

Aus IT-Sicht stehen Zugang schaffende Lösungsansätze im Vordergrund, die Mitarbeitern durch Schnittstellen und Sprungmarken den Zugriff auf die Plattform erleichtern und die Innovations-Community stärker in den Arbeitsalltag integrieren, damit das Arbeiten mit diesen Plattformen für Mitarbeiter selbstverständlicher wird. Für IT-Verantwortliche steht damit zunächst nicht die Gestaltung der Innovationsplattform im Fokus, sondern die Frage, mit welchen Möglichkeiten diese in den Arbeitsalltag der Mitarbeiter und die dabei verwendeten Anwendungssysteme integriert werden kann. Insbesondere die Verknüpfung mit E-Mail-Diensten hat sich in den untersuchten Unternehmen als wirksam erwiesen, da diese fachbereichsübergreifend eingesetzt werden. Dadurch lassen sich eine hohe Reichweite sowie eine regelmäßige Nutzung erzielen. Die Verlinkung mit E-Mail-Diensten gestaltet sich zudem leichter, als die Integration in produktentwicklungsspezifische Anwendungen, da häufig geringere Anforderungen an die Geheimhaltung und damit verbundene Compliance-Vorgaben bestehen. Damit wird auch deutlich, dass nicht nur eine Trennung zwischen externem (Produktentwicklung mit Kunden, Partnern, Lieferanten) und internem Innovationsbereich stattfindet, sondern im unternehmensinternen Bereich zusätzlich zwischen dem sog. „Fuzzy-Front-End" und der „Kernentwicklung" differenziert wird. In den befragten Unternehmen und in der Literatur steht das „Fuzzy-Front-End", d. h. die unternehmensweite Ideen- und Konzeptentwicklung, im Vordergrund. Ansätze, um das Umsetzen dieser Konzepte in der „Kernentwicklung" durch ESSP zu unterstützen, existieren kaum. Zudem fehlen bislang geeignete technische und organisatorische Konzepte, um die drei Dimensionen zusammenzubringen und dabei Produktgeheimnisse zu wahren. Genau das kann aber den Unterschied zwischen einer inkrementellen und einer radikalen Innovation ausmachen (vgl. Hoyer et al. 2010, S. 293; Wadell et al. 2014). Die vorgestellten Rahmenbedingungen für die Mitarbeiterpartizipation in Innovations-Communities machen deutlich, dass ESSP-basierte Ansätze zwar bestehende Hierarchien im Unternehmen aufbrechen, die Partizipation aber häufig nicht vollständig ohne definierte Zuständigkeiten und Rollen funktioniert. Die vorgeschlagenen technischen und organisatorischen Maßnahmen verfolgen dabei nicht das Ziel eine permanente und aktive Partizipation aller Mitarbeiter im Unternehmen zu erreichen, sondern diese bei Bedarf für eine schnelle Rückmeldung zu aktivieren (z. B. Ideen, Verbesserungsvorschläge, Lösungsansätze, qualitative und quantitative Bewertungen vorhandener Inhalte). Dazu müssen ESSP in den Arbeitsalltag der Mitarbeiter und die darin verwendeten

Kommunikationsmechanismen (z. B. E-Mail, Messaging, Telefonie) integriert sein und eine spontane einfache Nutzung ermöglichen.

Der Erfolg von Innovations-Communities lässt sich dabei nur schwierig messen, da die Anzahl der Zugriffe, Beiträge und Kommentare kein direkter Indikator für das Innovationspotenzial einer Community sind. Das Fehlen sinnvoller Metriken und Messmethoden erschwert zudem Budget- und Ressourcenverhandlungen für die in diesem Beitrag vorgestellten Maßnahmen und deren spätere Rechtfertigung. Die Bedeutung der Erfolgsmessung für ESSP-basierte Innovations-Communities dürfte vor diesem Hintergrund zunehmen und weitere Forschung in diesem Bereich motivieren.

In der vorliegenden Studie wurden Experten global agierender Unternehmen am Standort Deutschland zu Problemfeldern und möglichen Lösungsansätzen der Mitarbeiter-Partizipation befragt. Einige Anmerkungen dieser Experten lassen die Vermutung zu, dass speziell im deutschsprachigen Raum größere Vorbehalte von Mitarbeitern und Management gegenüber Open Innovation bestehen und diesen Initiativen insbesondere im angelsächsischen Raum stärker nachgelebt wird. Wissenschaft und Praxis stehen damit vor der Herausforderung Strategien zu entwickeln, um die benannten Lösungsansätze auch innerhalb von Unternehmen flexibel an Arbeits- und Organisationskulturen verschiedener Standorte anzupassen, da auch die existierenden Hemmfaktoren des Einsatzes von ESSP je nach Standort unterschiedlich ausgeprägt sein könnten. Damit steigt auch die Bedeutung von Methoden zum effizienten Identifizieren dieser Faktoren.

Was Sie aus diesem *essential* mitnehmen können

- Initiativen für Innovations-Communities, auf Basis sog. Enterprise Social Software Plattformen (ESSPs), scheitern in der Praxis häufig aufgrund einer fehlenden oder zu geringen Partizipation der Mitarbeiter.
- Bestehende Problemfelder sind vielfältig und erfordern daher häufig eine Kombination mehrerer Lösungsansätze – sowohl bei der Einführung als auch während der Nutzung von Innovations-Communities.
- Passende Lösungsansätze auszuwählen, aufeinander abzustimmen sowie personelle und finanzielle Ressourcen dafür zu akquirieren, erfordert eine sorgfältige Planung für die der Beitrag erste Ansatzpunkte aufzeigt.
- Die vorgestellten Rahmenbedingungen für die Mitarbeiterpartizipation in Innovations-Communities machen deutlich, dass ESSP-basierte Ansätze zwar bestehende Hierarchien im Unternehmen aufbrechen, die Partizipation aber häufig nicht vollständig ohne definierte Zuständigkeiten und Rollen funktioniert.

© Springer Fachmedien Wiesbaden GmbH, ein Teil von Springer Nature 2018   27
S. Rohmann und M. Schumann, *Best Practices für die Partizipation in der Produktentwicklung*, essentials, https://doi.org/10.1007/978-3-658-23551-2

Literatur

Adamczyk S, Bullinger AC, Moeslein KM (2010) Call for attention – attracting and activating innovators. R&D Manag Conf Manchester 2010:1–14

Hippel E von (1986) Lead users. A source of novel product concepts. Manag Sci 32(7):791–805

Hoyer WD, Chandy R, Dorotic M, Krafft M, Singh SS (2010) Consumer co-creation in new product development. J Serv Res 13:283–296

Kratzer J, Lettl C, Franke N, Gloor PA (2016) The social network position of lead users. J Prod Innov Manag 33(2):201–216

Piller F, Vossen A, Ihl C (2012) From social media to social product development: the impact of social media on co-creation of innovation. Die Unternehmung 66:7–27

Ruckriegel H, Oertelt S, Bullinger AC (2011) Fallstudie zur Erfassung der Erfolgs- und Hemmnisfaktoren beim Einsatz einer Innovations-Community. INFORMATIK 2011, 1–14, Berlin

Stieglitz S, Hassania S (2016) Idea generation by employees and external participants in innovation competitions. 49th Hawaii International Conference on System Sciences, Kauai, 4272–4281

Surowiecki J (2005) The wisdom of crowds. Anchor Books, New York

Wadell C, Björk J, Magnussen M (2014) How do R&D employees use their social networks to aquire user information? J Knowl Manag 18:919–936

Yenicioglu B, Suerdem A (2015) Participatory new product development – a framework for deliberately collaborative and continuous innovation design. Soc Behav Sci 195:1443–1452

© Springer Fachmedien Wiesbaden GmbH, ein Teil von Springer Nature 2018   29
S. Rohmann und M. Schumann, *Best Practices für die Partizipation in der Produktentwicklung,* essentials, https://doi.org/10.1007/978-3-658-23551-2